# Mi mayor esfuerzo

Katie Peters

Consultoras de GRL,
Diane Craig y Monica Marx,
especialistas certificadas en lectoescritura

ediciones Lerner ◆ Mineápolis

## Nota de una consultora de GRL

Este libro, que pertenece a la serie Pull Ahead, ha sido diseñado con dedicación para lectores principiantes. Un equipo de expertos en lectoescritura y lectura guiada ha revisado el libro y determinado su nivel para garantizar que quienes lo lean se superen y experimenten el éxito.

ediciones Lerner
Una división de Lerner Publishing Group, Inc.
241 First Avenue North
Mineápolis, MN 55401, EE. UU.

Si desea averiguar acerca de niveles de lectura y para obtener más información, favor consultar este título en www.lernerbooks.com.

Fuente del texto del cuerpo principal: Memphis Pro 24/39.
Fuente proporcionada por Linotype.

Las imágenes de este libro cuentan con el permiso de: © ArtBoyMB/Getty Images, pp. 12–13, 16 (izquierda); © FatCamera/Getty Images, pp. 10–11, 16 (derecha); © guvendemir/Getty Images, pp. 14–15; © Jeff Greenough/Getty Images, pp. 4–5; © SDI Productions/Getty Images, pp. 8–9, 16 (centro); © Shoji Fujita/Getty Images, pp. 6–7; © Sorapong Chaipanya/EyeEm/Getty Images, p. 3. Portada: © Fotokostic/Shutterstock Images.

### Library of Congress Cataloging-in-Publication Data

Names: Peters, Katie, author.
Title: Mi mayor esfuerzo / Katie Peters.
Other titles: Trying my best. Spanish
Description: Minneapolis : Lerner Publications, [2023] | Series: Espíritu deportivo (Be a good sport) (Pull ahead readers people smarts en español—nonfiction) | Includes index. | Audience: Ages 4–7 | Audience: Grades K–1 | Summary: "We don't have to always be the best to have a good time. Trying our best will make the game more fun! This Spanish book pairs with the fiction title Dev hace su mayor esfuerzo"— Provided by publisher.
Identifiers: LCCN 2021051277 (print) | LCCN 2021051278 (ebook) | ISBN 9781728458908 (library binding) | ISBN 9781728462837 (paperback) | ISBN 9781728460949 (ebook)
Subjects: LCSH: Sportsmanship—Juvenile literature.
Classification: LCC GV706.3 .P4635 2023 (print) | LCC GV706.3 (ebook) | DDC 175—dc23/eng/20211023

LC record available at https://lccn.loc.gov/2021051277
LC ebook record available at https://lccn.loc.gov/2021051278

Fabricado en los Estados Unidos de América
1-50924-50230-10/26/2021

# Contenido

# Mi mayor esfuerzo

Hago mi mayor esfuerzo para lanzar.

Hago mi mayor esfuerzo
para recibir.

Hago mi mayor esfuerzo para patear.

Hago mi mayor esfuerzo
para nadar.

Hago mi mayor esfuerzo
para patinar.

Hago mi mayor esfuerzo
para ganar.

¿Puedes pensar sobre un momento en el que hiciste tu mayor esfuerzo?

## ¿Lo viste?

balón de
fútbol

casco

gorro de
natación

## Índice